The Ultimate Ireland Travel Planner & Journal

The Perfect Companion to Rick Steves' Ireland Guide Book

Sunshine In My Soul Publishing, LLC.

2014 ©

TRAVEL PLANNER

Date: _____

Venue:	
Plan Date:	
Time Travel:	
Transportation:	
Travel Buddy:	

Travel Cost:

Travel Budget:

Details:

Contact Person:

Emergency Numbers:

Important Things to Remember:

Notes:

Checklist:

- ○ _____
- ○ _____
- ○ _____
- ○ _____
- ○ _____
- ○ _____
- ○ _____
- ○ _____
- ○ _____
- ○ _____
- ○ _____
- ○ _____
- ○ _____
- ○ _____
- ○ _____
- ○ _____
- ○ _____
- ○ _____

- ○ _____
- ○ _____
- ○ _____
- ○ _____
- ○ _____
- ○ _____
- ○ _____
- ○ _____
- ○ _____
- ○ _____
- ○ _____
- ○ _____
- ○ _____
- ○ _____
- ○ _____
- ○ _____
- ○ _____
- ○ _____

Emergency Information:

Emergency Contact: _____

Relation: _____

Home Phone: _____

Mobile: _____

Email: _____

Blood Type: _____

Allergies: _____

Vaccinations: _____

Doctor's Name: _____

Phone No.: _____

Health Insurance: _____

Policy No.: _____

Phone No.: _____

Passport No.: _____

Issued By: _____

Credit Card No.: _____

If Card Is Lost Call: _____

Driver's License No.: _____

Car/Moto Plate: _____

Contact Informations:

name _____

address _____

_____

home _____

mobile _____

work / fax _____

e-mail _____

name _____

address _____

_____

home _____

mobile _____

work / fax _____

e-mail _____

Must Do & To Avoid List:

○ _____

○ _____

○ _____

○ _____

○ _____

○ _____

○ _____

Notes:

Date: _____   **Location:** _____

Where I stayed: _____

My vacation buddy: _____

What I feel today:

_____
_____
_____
_____
_____

Best thing I saw today:

_____
_____
_____
_____
_____
_____
_____
_____
_____
_____

Best place I visited:

_____
_____
_____

Best food I ate:

_____
_____
_____
_____

My favorite part of the day:

_____
_____
_____
_____
_____
_____
_____
_____

My Picture of the Day:

What I Learned Today:

_____
_____
_____
_____
_____
_____

Vacation Notes:

_____
_____
_____
_____
_____

Date: _____   **Location:** _____

Where I stayed: _____

My vacation buddy: _____

What I feel today:

_____
_____
_____
_____
_____

Best thing I saw today:

_____
_____
_____
_____
_____
_____
_____
_____
_____
_____

Best place I visited:

_____
_____
_____

Best food I ate:

_____
_____
_____
_____

My favorite part of the day:

_____
_____
_____
_____
_____
_____
_____
_____
_____

My Picture of the Day:

What I Learned Today:

_____
_____
_____
_____
_____
_____

Vacation Notes:

_____
_____
_____
_____
_____

Date: _____   **Location:** _____

Where I stayed: _____

My vacation buddy: _____

What I feel today:

_____
_____
_____
_____
_____

Best thing I saw today:

_____
_____
_____
_____
_____
_____
_____
_____
_____
_____

Best place I visited:

_____
_____
_____

Best food I ate:

_____
_____
_____
_____

My favorite part of the day:

_____
_____
_____
_____
_____
_____
_____
_____

My Picture of the Day:

What I Learned Today:

_____

_____

_____

_____

_____

_____

Vacation Notes:

_____

_____

_____

_____

_____

TRAVEL PLANNER

Date: _____

Venue:	
Plan Date:	
Time Travel:	
Transportation:	
Travel Buddy:	

Travel Cost:

Travel Budget:

Details:

Contact Person:

Emergency Numbers:

Important Things to Remember:

Notes:

Checklist:

- ○ _____
- ○ _____
- ○ _____
- ○ _____
- ○ _____
- ○ _____
- ○ _____
- ○ _____
- ○ _____
- ○ _____
- ○ _____
- ○ _____
- ○ _____
- ○ _____
- ○ _____
- ○ _____
- ○ _____

- ○ _____
- ○ _____
- ○ _____
- ○ _____
- ○ _____
- ○ _____
- ○ _____
- ○ _____
- ○ _____
- ○ _____
- ○ _____
- ○ _____
- ○ _____
- ○ _____
- ○ _____
- ○ _____
- ○ _____

Emergency Information:

Emergency Contact: _____

Relation: _____

Home Phone: _____

Mobile: _____

Email: _____

Blood Type: _____

Allergies: _____

Vaccinations: _____

Doctor's Name: _____

Phone No.: _____

Health Insurance: _____

Policy No.: _____

Phone No.: _____

Passport No.: _____

Issued By: _____

Credit Card No.: _____

If Card Is Lost Call: _____

Driver's License No.: _____

Car/Moto Plate: _____

Contact Informations:

name _____

address _____

_____

home _____

mobile _____

work / fax _____

e-mail _____

name _____

address _____

_____

home _____

mobile _____

work / fax _____

e-mail _____

Must Do & To Avoid List:

○ _____

○ _____

○ _____

○ _____

○ _____

○ _____

○ _____

Notes:

Date: _____ **Location:** _____

Where I stayed: _____

My vacation buddy: _____

What I feel today:

_____
_____
_____
_____
_____

Best thing I saw today:

_____
_____
_____
_____
_____
_____
_____
_____

Best place I visited:

_____
_____
_____

Best food I ate:

_____
_____
_____
_____

My favorite part of the day:

_____
_____
_____
_____
_____
_____
_____
_____

My Picture of the Day:

What I Learned Today:

_____

_____

_____

_____

_____

_____

Vacation Notes:

_____

_____

_____

_____

_____

Date: _____   **Location:** _____

Where I stayed: _____

My vacation buddy: _____

What I feel today:

_____
_____
_____
_____
_____

Best thing I saw today:

_____
_____
_____
_____
_____
_____
_____
_____
_____
_____

Best place I visited:

_____
_____
_____

Best food I ate:

_____
_____
_____
_____

My favorite part of the day:

_____
_____
_____
_____
_____
_____
_____
_____

My Picture of the Day:

What I Learned Today:

_____
_____
_____
_____
_____
_____

Vacation Notes:

_____
_____
_____
_____
_____

Date: _____   Location: _____

Where I stayed: _____

My vacation buddy: _____

What I feel today:

_____
_____
_____
_____
_____

Best thing I saw today:

_____
_____
_____
_____
_____
_____
_____
_____
_____
_____

Best place I visited:

_____
_____
_____

Best food I ate:

_____
_____
_____
_____

My favorite part of the day:

_____
_____
_____
_____
_____
_____
_____
_____

My Picture of the Day:

What I Learned Today:

_____
_____
_____
_____
_____
_____

Vacation Notes:

_____
_____
_____
_____
_____

TRAVEL PLANNER

Date: _____

Venue:	
Plan Date:	
Time Travel:	
Transportation:	
Travel Buddy:	

Travel Cost:

Travel Budget:

Details:

Contact Person:

Emergency Numbers:

Important Things to Remember:

Notes:

Checklist:

- ○ _____
- ○ _____
- ○ _____
- ○ _____
- ○ _____
- ○ _____
- ○ _____
- ○ _____
- ○ _____
- ○ _____
- ○ _____
- ○ _____
- ○ _____
- ○ _____
- ○ _____
- ○ _____

- ○ _____
- ○ _____
- ○ _____
- ○ _____
- ○ _____
- ○ _____
- ○ _____
- ○ _____
- ○ _____
- ○ _____
- ○ _____
- ○ _____
- ○ _____
- ○ _____
- ○ _____
- ○ _____

Emergency Information:

Emergency Contact: _____

Relation: _____

Home Phone: _____

Mobile: _____

Email: _____

Blood Type: _____

Allergies: _____

Vaccinations: _____

Doctor's Name: _____

Phone No.: _____

Health Insurance: _____

Policy No.: _____

Phone No.: _____

Passport No.: _____

Issued By: _____

Credit Card No.: _____

If Card Is Lost Call: _____

Driver's License No.: _____

Car/Moto Plate: _____

Contact Informations:

name _____

address _____

_____

home _____

mobile _____

work / fax _____

e-mail _____

name _____

address _____

_____

home _____

mobile _____

work / fax _____

e-mail _____

Must Do & To Avoid List:

- ○ _____
- ○ _____
- ○ _____
- ○ _____
- ○ _____
- ○ _____
- ○ _____

Notes:

Date: _____   **Location:** _____

Where I stayed: _____

My vacation buddy: _____

What I feel today:

_____
_____
_____
_____
_____

Best thing I saw today:

_____
_____
_____
_____
_____
_____
_____
_____
_____

Best place I visited:

_____
_____
_____

Best food I ate:

_____
_____
_____
_____

My favorite part of the day:

_____
_____
_____
_____
_____
_____
_____
_____

My Picture of the Day:

What I Learned Today:

_____
_____
_____
_____
_____
_____

Vacation Notes:

_____
_____
_____
_____
_____

Date: _____   Location: _____

Where I stayed: _____

My vacation buddy: _____

What I feel today:

_____
_____
_____
_____
_____

Best thing I saw today:

_____
_____
_____
_____
_____
_____
_____
_____
_____
_____

Best place I visited:

_____
_____
_____

Best food I ate:

_____
_____
_____
_____

My favorite part of the day:

_____
_____
_____
_____
_____
_____
_____

My Picture of the Day:

What I Learned Today:

_____
_____
_____
_____
_____
_____

Vacation Notes:

_____
_____
_____
_____
_____

Date: _____ Location: _____

Where I stayed: _____

My vacation buddy: _____

What I feel today:

_____
_____
_____
_____
_____

Best thing I saw today:

_____
_____
_____
_____
_____
_____
_____
_____
_____
_____

Best place I visited:

_____
_____
_____

Best food I ate:

_____
_____
_____
_____

My favorite part of the day:

_____
_____
_____
_____
_____
_____
_____
_____

My Picture of the Day:

What I Learned Today:

_____
_____
_____
_____
_____
_____

Vacation Notes:

_____
_____
_____
_____
_____

TRAVEL PLANNER

Date: _____

Venue:	
Plan Date:	
Time Travel:	
Transportation:	
Travel Buddy:	

Travel Cost:

Travel Budget:

Details:

Contact Person:

Emergency Numbers:

Important Things to Remember:

Notes:

Checklist:

- ○ _____
- ○ _____
- ○ _____
- ○ _____
- ○ _____
- ○ _____
- ○ _____
- ○ _____
- ○ _____
- ○ _____
- ○ _____
- ○ _____
- ○ _____
- ○ _____
- ○ _____
- ○ _____
- ○ _____

- ○ _____
- ○ _____
- ○ _____
- ○ _____
- ○ _____
- ○ _____
- ○ _____
- ○ _____
- ○ _____
- ○ _____
- ○ _____
- ○ _____
- ○ _____
- ○ _____
- ○ _____
- ○ _____
- ○ _____

Emergency Information:

Emergency Contact: _____

Relation: _____

Home Phone: _____

Mobile: _____

Email: _____

Blood Type: _____

Allergies: _____

Vaccinations: _____

Doctor's Name: _____

Phone No.: _____

Health Insurance: _____

Policy No.: _____

Phone No.: _____

Passport No.: _____

Issued By: _____

Credit Card No.: _____

If Card Is Lost Call: _____

Driver's License No.: _____

Car/Moto Plate: _____

Contact Informations:

name _____

address _____

_____

home _____

mobile _____

work / fax _____

e-mail _____

name _____

address _____

_____

home _____

mobile _____

work / fax _____

e-mail _____

Must Do & To Avoid List:

- ○ _____
- ○ _____
- ○ _____
- ○ _____
- ○ _____
- ○ _____
- ○ _____

Notes:

Date: _____   **Location:** _____

Where I stayed: _____

My vacation buddy: _____

What I feel today:

_____
_____
_____
_____
_____

Best thing I saw today:

_____
_____
_____
_____
_____
_____
_____
_____
_____

Best place I visited:

_____
_____
_____

Best food I ate:

_____
_____
_____
_____

My favorite part of the day:

_____
_____
_____
_____
_____
_____
_____
_____

My Picture of the Day:

What I Learned Today:

_____
_____
_____
_____
_____
_____

Vacation Notes:

_____
_____
_____
_____
_____

Date: _____   Location: _____

Where I stayed: _____

My vacation buddy: _____

What I feel today:

_____
_____
_____
_____
_____

Best thing I saw today:

_____
_____
_____

_____
_____
_____
_____
_____

Best place I visited:

_____
_____
_____

Best food I ate:

_____
_____
_____
_____

My favorite part of the day:

_____
_____
_____
_____
_____
_____
_____
_____

My Picture of the Day:

What I Learned Today:

_____
_____
_____
_____
_____
_____

Vacation Notes:

_____
_____
_____
_____
_____

Date: _____   Location: _____

Where I stayed: _____

My vacation buddy: _____

What I feel today:

_____
_____
_____
_____
_____

Best thing I saw today:

_____
_____
_____
_____
_____
_____
_____
_____
_____
_____

Best place I visited:

_____
_____
_____

Best food I ate:

_____
_____
_____
_____

My favorite part of the day:

_____
_____
_____
_____
_____
_____
_____
_____

My Picture of the Day:

What I Learned Today:

_____
_____
_____
_____
_____
_____

Vacation Notes:

_____
_____
_____
_____
_____

TRAVEL PLANNER

Date: _____

Venue:	
Plan Date:	
Time Travel:	
Transportation:	
Travel Buddy:	

Travel Cost:
Travel Budget:
Details:

Contact Person:

Emergency Numbers:

Important Things to Remember:

Notes:

Checklist:

Emergency Information:

Emergency Contact: _____

Relation: _____

Home Phone: _____

Mobile: _____

Email: _____

Blood Type: _____

Allergies: _____

Vaccinations: _____

Doctor's Name: _____

Phone No.: _____

Health Insurance: _____

Policy No.: _____

Phone No.: _____

Passport No.: _____

Issued By: _____

Credit Card No.: _____

If Card Is Lost Call: _____

Driver's License No.: _____

Car/Moto Plate: _____

Contact Informations:

name _____

address _____

_____

home _____

mobile _____

work / fax _____

e-mail _____

name _____

address _____

_____

home _____

mobile _____

work / fax _____

e-mail _____

Must Do & To Avoid List:

○ _____

○ _____

○ _____

○ _____

○ _____

○ _____

○ _____

Notes:

Date: _____ **Location:** _____

Where I stayed: _____

My vacation buddy: _____

What I feel today:

_____
_____
_____
_____
_____

Best thing I saw today:

_____
_____
_____
_____
_____
_____
_____
_____
_____

Best place I visited:

_____
_____
_____

Best food I ate:

_____
_____
_____
_____

My favorite part of the day:

_____
_____
_____
_____
_____
_____
_____
_____

My Picture of the Day:

What I Learned Today:

_____
_____
_____
_____
_____
_____

Vacation Notes:

_____
_____
_____
_____
_____

Date: _____   **Location:** _____

Where I stayed: _____

My vacation buddy: _____

What I feel today:

_____
_____
_____
_____
_____

Best thing I saw today:

_____
_____
_____
_____
_____
_____
_____
_____
_____
_____

Best place I visited:

_____
_____
_____

Best food I ate:

_____
_____
_____
_____

My favorite part of the day:

_____
_____
_____
_____
_____
_____
_____
_____

My Picture of the Day:

What I Learned Today:

_____
_____
_____
_____
_____
_____

Vacation Notes:

_____
_____
_____
_____
_____

Date: _____   **Location:** _____

Where I stayed: _____

My vacation buddy: _____

What I feel today:

_____
_____
_____
_____
_____

Best thing I saw today:

_____
_____
_____
_____
_____
_____
_____
_____
_____
_____

Best place I visited:

_____
_____
_____

Best food I ate:

_____
_____
_____
_____

My favorite part of the day:

_____
_____
_____
_____
_____
_____
_____
_____

My Picture of the Day:

What I Learned Today:

_____
_____
_____
_____
_____
_____

Vacation Notes:

_____
_____
_____
_____
_____

TRAVEL PLANNER

Date: _____

Venue:	
Plan Date:	
Time Travel:	
Transportation:	
Travel Buddy:	

Travel Cost:
Travel Budget:
Details:

Contact Person:

Emergency Numbers:

Important Things to Remember:

Notes:

Checklist:

- ○ _____
- ○ _____
- ○ _____
- ○ _____
- ○ _____
- ○ _____
- ○ _____
- ○ _____
- ○ _____
- ○ _____
- ○ _____
- ○ _____
- ○ _____
- ○ _____
- ○ _____
- ○ _____

- ○ _____
- ○ _____
- ○ _____
- ○ _____
- ○ _____
- ○ _____
- ○ _____
- ○ _____
- ○ _____
- ○ _____
- ○ _____
- ○ _____
- ○ _____
- ○ _____
- ○ _____
- ○ _____

Emergency Information:

Emergency Contact: _____

Relation: _____

Home Phone: _____

Mobile: _____

Email: _____

Blood Type: _____

Allergies: _____

Vaccinations: _____

Doctor's Name: _____

Phone No.: _____

Health Insurance: _____

Policy No.: _____

Phone No.: _____

Passport No.: _____

Issued By: _____

Credit Card No.: _____

If Card Is Lost Call: _____

Driver's License No.: _____

Car/Moto Plate: _____

Contact Informations:

name _____

address _____

_____

home _____

mobile _____

work / fax _____

e-mail _____

name _____

address _____

_____

home _____

mobile _____

work / fax _____

e-mail _____

Must Do & To Avoid List:

- ○ _____
- ○ _____
- ○ _____
- ○ _____
- ○ _____
- ○ _____
- ○ _____

Notes:

Date: _____ Location: _____

Where I stayed: _____

My vacation buddy: _____

What I feel today:

_____
_____
_____
_____
_____

Best thing I saw today:

_____
_____
_____
_____
_____
_____
_____
_____
_____
_____

Best place I visited:

_____
_____
_____

Best food I ate:

_____
_____
_____
_____

My favorite part of the day:

_____
_____
_____
_____
_____
_____
_____

My Picture of the Day:

What I Learned Today:

_____
_____
_____
_____
_____
_____

Vacation Notes:

_____
_____
_____
_____
_____

Date: _____   Location: _____

Where I stayed: _____

My vacation buddy: _____

What I feel today:

_____
_____
_____
_____
_____

Best thing I saw today:

_____
_____
_____
_____
_____
_____
_____
_____
_____

Best place I visited:

_____
_____
_____

Best food I ate:

_____
_____
_____
_____

My favorite part of the day:

_____
_____
_____
_____
_____
_____
_____
_____

My Picture of the Day:

What I Learned Today:

_____
_____
_____
_____
_____
_____

Vacation Notes:

_____
_____
_____
_____
_____

Date: _____   **Location:** _____

Where I stayed: _____

My vacation buddy: _____

What I feel today:

_____
_____
_____
_____
_____

Best thing I saw today:

_____
_____
_____
_____
_____
_____
_____
_____
_____
_____

Best place I visited:

_____
_____
_____

Best food I ate:

_____
_____
_____

My favorite part of the day:

_____
_____
_____
_____
_____
_____
_____
_____

My Picture of the Day:

What I Learned Today:

_____
_____
_____
_____
_____
_____

Vacation Notes:

_____
_____
_____
_____
_____

TRAVEL PLANNER

Date: _____

Venue:	
Plan Date:	
Time Travel:	
Transportation:	
Travel Buddy:	

Travel Cost:

Travel Budget:

Details:

Contact Person:

Emergency Numbers:

Important Things to Remember:

Notes:

Checklist:

- ○ _____
- ○ _____
- ○ _____
- ○ _____
- ○ _____
- ○ _____
- ○ _____
- ○ _____
- ○ _____
- ○ _____
- ○ _____
- ○ _____
- ○ _____
- ○ _____
- ○ _____
- ○ _____
- ○ _____
- ○ _____

- ○ _____
- ○ _____
- ○ _____
- ○ _____
- ○ _____
- ○ _____
- ○ _____
- ○ _____
- ○ _____
- ○ _____
- ○ _____
- ○ _____
- ○ _____
- ○ _____
- ○ _____
- ○ _____
- ○ _____
- ○ _____

Emergency Information:

Emergency Contact: _____

Relation: _____

Home Phone: _____

Mobile: _____

Email: _____

Blood Type: _____

Allergies: _____

Vaccinations: _____

Doctor's Name: _____

Phone No.: _____

Health Insurance: _____

Policy No.: _____

Phone No.: _____

Passport No.: _____

Issued By: _____

Credit Card No.: _____

If Card Is Lost Call: _____

Driver's License No.: _____

Car/Moto Plate: _____

Contact Informations:

name

address

home

mobile

work / fax

e-mail

name

address

home

mobile

work / fax

e-mail

Must Do & To Avoid List:

Notes:

Date: _____   **Location:** _____

Where I stayed: _____

My vacation buddy: _____

What I feel today:

_____
_____
_____
_____
_____

Best thing I saw today:

_____
_____
_____
_____
_____
_____
_____
_____
_____

Best place I visited:

_____
_____
_____

Best food I ate:

_____
_____
_____
_____

My favorite part of the day:

_____
_____
_____
_____
_____
_____
_____
_____

My Picture of the Day:

What I Learned Today:

_____
_____
_____
_____
_____
_____

Vacation Notes:

_____
_____
_____
_____
_____

Date: _____   **Location:** _____

Where I stayed: _____

My vacation buddy: _____

What I feel today:

_____
_____
_____
_____
_____

Best thing I saw today:

_____
_____
_____
_____
_____
_____
_____
_____
_____
_____

Best place I visited:

_____
_____
_____

Best food I ate:

_____
_____
_____
_____

My favorite part of the day:

_____
_____
_____
_____
_____
_____
_____
_____

My Picture of the Day:

What I Learned Today:

_____
_____
_____
_____
_____
_____

Vacation Notes:

_____
_____
_____
_____
_____

Date: _____   Location: _____

Where I stayed: _____

My vacation buddy: _____

What I feel today:

_____
_____
_____
_____
_____

Best thing I saw today:

_____
_____
_____
_____
_____
_____
_____
_____
_____
_____

Best place I visited:

_____
_____
_____

Best food I ate:

_____
_____
_____
_____

My favorite part of the day:

_____
_____
_____
_____
_____
_____
_____
_____

My Picture of the Day:

What I Learned Today:

_____
_____
_____
_____
_____
_____

Vacation Notes:

_____
_____
_____
_____
_____

TRAVEL PLANNER

Date: _____

Venue:	
Plan Date:	
Time Travel:	
Transportation:	
Travel Buddy:	

Travel Cost:

Travel Budget:

Details:

Contact Person:

Emergency Numbers:

Important Things to Remember:

Notes:

Checklist:

- ○ _____
- ○ _____
- ○ _____
- ○ _____
- ○ _____
- ○ _____
- ○ _____
- ○ _____
- ○ _____
- ○ _____
- ○ _____
- ○ _____
- ○ _____
- ○ _____
- ○ _____
- ○ _____

- ○ _____
- ○ _____
- ○ _____
- ○ _____
- ○ _____
- ○ _____
- ○ _____
- ○ _____
- ○ _____
- ○ _____
- ○ _____
- ○ _____
- ○ _____
- ○ _____
- ○ _____
- ○ _____

Emergency Information:

Emergency Contact: _____

Relation: _____

Home Phone: _____

Mobile: _____

Email: _____

Blood Type: _____

Allergies: _____

Vaccinations: _____

Doctor's Name: _____

Phone No.: _____

Health Insurance: _____

Policy No.: _____

Phone No.: _____

Passport No.: _____

Issued By: _____

Credit Card No.: _____

If Card Is Lost Call: _____

Driver's License No.: _____

Car/Moto Plate: _____

Contact Informations:

name _____

address _____

_____

home _____

mobile _____

work / fax _____

e-mail _____

name _____

address _____

_____

home _____

mobile _____

work / fax _____

e-mail _____

Must Do & To Avoid List:

○ _____

○ _____

○ _____

○ _____

○ _____

○ _____

○ _____

Notes:

Date: _____   **Location:** _____

Where I stayed: _____

My vacation buddy: _____

What I feel today:

_____
_____
_____
_____
_____

Best thing I saw today:

_____
_____
_____
_____
_____
_____
_____
_____
_____

Best place I visited:

_____
_____
_____

Best food I ate:

_____
_____
_____
_____

My favorite part of the day:

_____
_____
_____
_____
_____
_____
_____
_____

My Picture of the Day:

What I Learned Today:

_____
_____
_____
_____
_____
_____

Vacation Notes:

_____
_____
_____
_____
_____

Date: _____   **Location:** _____

Where I stayed: _____

My vacation buddy: _____

What I feel today:

_____
_____
_____
_____
_____

Best thing I saw today:

_____
_____
_____
_____
_____
_____
_____
_____
_____

Best place I visited:

_____
_____
_____

Best food I ate:

_____
_____
_____
_____

My favorite part of the day:

_____
_____
_____
_____
_____
_____
_____

My Picture of the Day:

What I Learned Today:

_____
_____
_____
_____
_____
_____

Vacation Notes:

_____
_____
_____
_____
_____

Date: _____   **Location:** _____

Where I stayed: _____

My vacation buddy: _____

What I feel today:

_____
_____
_____
_____
_____

Best thing I saw today:

_____
_____
_____
_____
_____
_____
_____
_____
_____

Best place I visited:

_____
_____
_____

Best food I ate:

_____
_____
_____
_____

My favorite part of the day:

_____
_____
_____
_____
_____
_____
_____
_____

My Picture of the Day:

What I Learned Today:

_____
_____
_____
_____
_____
_____

Vacation Notes:

_____
_____
_____
_____
_____

TRAVEL PLANNER

Date: _____

Venue:	
Plan Date:	
Time Travel:	
Transportation:	
Travel Buddy:	

Travel Cost:

Travel Budget:

Details:

Contact Person:

Emergency Numbers:

Important Things to Remember:

Notes:

Checklist:

- ○ _____
- ○ _____
- ○ _____
- ○ _____
- ○ _____
- ○ _____
- ○ _____
- ○ _____
- ○ _____
- ○ _____
- ○ _____
- ○ _____
- ○ _____
- ○ _____
- ○ _____
- ○ _____
- ○ _____
- ○ _____

- ○ _____
- ○ _____
- ○ _____
- ○ _____
- ○ _____
- ○ _____
- ○ _____
- ○ _____
- ○ _____
- ○ _____
- ○ _____
- ○ _____
- ○ _____
- ○ _____
- ○ _____
- ○ _____
- ○ _____
- ○ _____

Emergency Information:

Emergency Contact: _____

Relation: _____

Home Phone: _____

Mobile: _____

Email: _____

Blood Type: _____

Allergies: _____

Vaccinations: _____

Doctor's Name: _____

Phone No.: _____

Health Insurance: _____

Policy No.: _____

Phone No.: _____

Passport No.: _____

Issued By: _____

Credit Card No.: _____

If Card Is Lost Call: _____

Driver's License No.: _____

Car/Moto Plate: _____

Contact Informations:

name _____

address _____

_____

home _____

mobile _____

work / fax _____

e-mail _____

name _____

address _____

_____

home _____

mobile _____

work / fax _____

e-mail _____

Must Do & To Avoid List:

- ○ _____
- ○ _____
- ○ _____
- ○ _____
- ○ _____
- ○ _____
- ○ _____

Notes:

Date: _____   **Location:** _____

Where I stayed: _____

My vacation buddy: _____

What I feel today:

_____
_____
_____
_____
_____

Best thing I saw today:

_____
_____
_____
_____
_____
_____
_____
_____
_____
_____

Best place I visited:

_____
_____
_____

Best food I ate:

_____
_____
_____
_____

My favorite part of the day:

_____
_____
_____
_____
_____
_____
_____
_____

My Picture of the Day:

What I Learned Today:

_____
_____
_____
_____
_____
_____

Vacation Notes:

_____
_____
_____
_____
_____

Date: _____   **Location:** _____

Where I stayed: _____

My vacation buddy: _____

What I feel today:

_____
_____
_____
_____
_____

Best thing I saw today:

_____
_____
_____
_____
_____
_____
_____
_____
_____
_____

Best place I visited:

_____
_____
_____

Best food I ate:

_____
_____
_____
_____

My favorite part of the day:

_____
_____
_____
_____
_____
_____
_____
_____

My Picture of the Day:

What I Learned Today:

_____
_____
_____
_____
_____
_____

Vacation Notes:

_____
_____
_____
_____
_____

Date: _____   Location: _____

Where I stayed: _____

My vacation buddy: _____

What I feel today:

_____
_____
_____
_____
_____

Best thing I saw today:

_____
_____
_____
_____
_____
_____
_____
_____
_____

Best place I visited:

_____
_____
_____

Best food I ate:

_____
_____
_____
_____

My favorite part of the day:

_____
_____
_____
_____
_____
_____
_____
_____

My Picture of the Day:

What I Learned Today:

_____
_____
_____
_____
_____
_____

Vacation Notes:

_____
_____
_____
_____
_____

CPSIA information can be obtained
at www.ICGtesting.com
Printed in the USA
LVOW09s0458290917
549546LV00002BA/29/P